애지시선 068

달동네 아코디언

2017년 4월 19일 초판 1쇄 발행

지은이 이명우
펴낸이 윤영진
편 집 함순례
디자인 함광일 이경훈
홍 보 한천규
펴낸곳 도서출판 애지
등록 제 2005-5호
주소 34623 대전광역시 동구 대전로 867번길 46
전화 042 637 9942
팩스 042 635 9941
전자우편 ejiweb@hanmail.net

ISBN 978-89-92219-67-9 03810

애지시선 068

달동네 아코디언

이명우 시집

□ 시인의 말

사업을 할 때는 관념이 내 몸에 꽉 차 있어서
나를 볼 수 없었다.
이제는 돈이 보이지 않고 내가 보인다.

2017년 봄

이명우

차례

제2부

제3부

제4부

제1부

호상

오남매가 모여서
누가 어머니를 모실까, 상의하였다

다들 모시지 않는 이유를 들이밀었다

장례식장에 오남매가 다시 모였다
관에 매달려서 울음을 터트렸다

구십 넘은 노모는 제 집을 찾은 양
너무나 편안하게 누워 있다
자식들의 눈치를 보지 않는다

장의사가 수의를 몇 겹으로 입혀놓고
아무리 묶어도 자유로운 몸을
단단히 묶고 있다

서로 모시겠다고

바람과 흙과 물이 대기하고 있다

문상객들이 상주한테 말한다
호상이군, 호상이야

달동네 아코디언

불암산 줄기 중계본동 비탈길을 오릅니다
좁아지고 넓어지고 늘어나고 줄어드는 길을 따라
발자국들이 오르내리는 소리가 들립니다
연탄들도 뜨끈뜨끈하게 오르고 있습니다
손이 던지는 대로 연탄은
포물선을 그리며 가파르게 돌을 넘습니다
연탄 리어카는 난방관처럼 돌아다니면서
흩어지고 도망가는 길들을 모으고 있습니다
각진 길의 주름이 접히고 펴집니다
발자국이 건반 같은 돌계단을 내려오고 있습니다
까치발 구두를 신은 여자들이 휘어진
길을 다듬고 있습니다
돌은 냄새나는 도랑 위에 징검다리를 놓습니다
고드름도 등고선처럼 오르내립니다
주름으로 채워진 지붕이 눈보라에 주저앉았다가 일어섭니다
비바람이 두드리고 습기가 갉아먹습니다

처마에서 녹아드는 골함석이 이처럼 쑥쑥 빠집니다
까치들의 울음소리가 지붕의 골을 메웁니다
햇살이 빨대처럼 지붕을 빨아먹다가 구멍을 냅니다
뻥 뚫린 곳은 숨구멍입니다
햇살이 오랏줄처럼 구멍으로 내려옵니다
안개가 텅 빈 구멍을 덮어주기도 하고
바람에 거미줄이 풀리기도 합니다
사회복지사가 골함석을 덧댄 자리마다 주름만 깊어집니다
독거 할머니는 밥을 먹느라
입술 근육을 열심히 오물거리면서
저승에 입고 갈 주름옷을 깁고 또 깁고 있습니다

방

잦은 이사로 가재도구들은 중심이 없다
이동하는 동안 깨지고 상처 난 자리들은
조금씩 가벼워져 무너질 것 같으면서 무너지지 않는다
점점 작아지고 허름해지는 전월세 공간에 맞춰
흔들리면서 제자리를 찾아간다
몇 겹으로 포개진 장판이 일어서서 가구를 들어낸다
접힌 장판에 고여 있는 시간이
가난을 내쫓지 못하고 그대로 방치되어 있다
방의 중심에 섰던 균형도 따라 나오지만
미처 빠져나오지 않는 것이 있어도
되돌아갈 힘은 보이지 않는다
제 무게를 달아놓은 자국마다 슬픔이 꽉 들어차 있고
숨어 울먹인 자국도 있다
정년 퇴직자처럼 집과 직장의 경계가 없다
낯선 방과 가재도구들의 거리가 너무 멀어
움츠러들던 침대가 한참을 삐거덕거리다가
겨우 중심을 잡는다

어제 분명히 이사 갈 방의 규격을 쟀는데
막상 가구를 넣어보니
모서리가 걸려 들어가지 못하고 있다
산 지 얼마 되지 않은 가재도구들도
좁아진 방에 맞추다 보면
어딘가 잘리고 비틀어지다가
버려진다

판화

아내는 부엌에서 무를 썰고 있습니다
무가 바퀴처럼 마구 구릅니다
도마에서 아내의 잔소리가 튀어 다닙니다
싱크대 타일처럼 일정하게 나를 붙이면서
가로 세로로 부지런히 줄을 맞추고 있습니다
화장실로 들어가 얼굴을 닦습니다
다섯 개의 수건이 색깔별로 가지런하게 욕실에 걸려 있습니다
칼이 속도를 내고 있습니다
분홍 수건으로 닦은 얼굴이 발그레집니다
나도 즉시 색깔별로 나란히 정리됩니다
아내는 갖은 양념을 넣고 생선찌개를 끓이고 있습니다
내 배도 그 속도에 맞추어 빠르게 꼬르륵거립니다
아침이 준비되기도 전에
나는 소금에 절어져서 뻘겋게 버무려집니다
신문을 펴서 경제면을 읽습니다
주가가 요동치고 찌개가 끓어오릅니다

내 이빨에서 깍두기가 힘차게 부서집니다
나는 넥타이로 하루를 바짝 조입니다
출근길 사람들의 급박한 발자국에서도 깍두기 써는 소리가 들립니다
발소리가 심장박동보다 빨라집니다
엘리베이터의 숫자가 다급하게 오르고 있습니다
모니터가 켜집니다
숫자를 기다리는 커서가 깜빡거립니다
돌아보니 길 위에 수많은 칼자국이 나 있습니다

갇혀 있는 동안

휴양림 산속을 걷고 있는 동안
가을의 단단한 결의가 살아 쉼 쉬고 있다
나무들이 양쪽으로 받쳐주는 여유로움에
동굴 속으로 들어가는 것처럼 몸이 서늘하다
나를 훔치려고 덤벼들고 있는 햇빛,
바람이 아무리 흔들어도
단단하게 채워진 자물쇠는 풀리지 않는다
나무들을 깎아내리던 햇빛이 지문을 남긴다
풍경을 바라볼수록
길쭉하게, 커다랗게, 작게, 옆으로 삐져나오다가
달아나고 있다
제 모습을 선명하게 드러내놓은 그 길
사방에 쇠창살을 꽂아놓은 것 같다
나무들의 두려움에
보이지 않은 긴장감이 맴돌고 있다
햇빛의 무단침입은 범죄가 아니다
그저 생리적인 현상이랄까

밝음과 그림자 사이에 낀 힘이 거대하여
서로 앞으로 나아가거나 뒤로 물러서지 못하고 있다
햇빛이 아무리 심문을 해도 입을 열지 않는
범죄자처럼 바람의 눈치를 살피고 있다
나무에 갇혀 있는 동안
철문이 닫히는 소리가 그늘에 걸려
밤새도록 내 몸을 시끄럽게
덮치고 있다

폭우

장맛비가 며칠째 현관문을 두드리고 있다
늦은 밤에 모래주머니 몇 포로 빗물을 막아보았지만
흙탕물은 기어이 지하방까지 들어온다
동사무소에서 긴급히 대피하라는 안내방송이 나온다
가족들과 함께 무작정 집을 나선다
비바람에 우산이 발랑 까뒤집혀진다
압류 딱지를 붙이는 집행관처럼 빗줄기가
허벅지에서 허리로 허리에서 가슴으로, 목으로, 착착 달라붙는다
나는 흔들리는 기둥에 매달린다
가는 기둥이 무너지면 기댈 곳은 허공
아이들이 무섭게 자라나고 있다
우산대를 꽉 잡아야 한다
온갖 부유물로 뒤섞인 물줄기가 도로를 타설打設하고 있다
빗줄기도 허공을 배근하고 있다
철근이 되어 버린 빗줄기가

수백 겹 수천 겹 나를 에워싸면서 길을 가로막고 있다
다리가 칼이 되어 빗줄기를 베어야 한다
한 발 한 발 내디딜수록 붉게 갠 물 시멘트에 몸이 휘청거린다
비명과 함께 웅덩이에 발이 빠진다
다리가 된 우산 기둥이 땅에 뿌리를 내려야 한다
머리가 지붕이 되어 가족을 덮어야 한다
대피소 건물 처마 밑에서 반쯤 꺾인 우산을 접는다
창문들은 이미 물에 녹아 흐르고
젖은 기둥이 일어서서
여름의 무게를 견디느라 줄줄이 땀을 흘리고 있다
압류 목독병세표까지 집어삼킨 물 시멘트가
평평하게 굳어가고 있다
살아온 날들이 공무상비밀표시무효죄*에 걸려들고 있다

* 공무원이 실시한 봉인 또는 압류, 기타 강제 처분의 표시를 손상 또는 은닉하거나 기타의 방법으로 무효화함으로써 성립하는 범죄.

물맛

약수터에서 물 한 모금을 마신다
물의 안과 밖
입과 물의 거리
흐름과 멈춤 사이

무색무취한 물은 다리도 손도 없는데 몸도 없는데
돌에 부딪힐수록 힘이 생긴다

속이 없는 물을 바라본다

아직도 그 자리에서
아기에게 모유를 먹이는 엄마들
아기 냄새가 비릿하게 코끝을 맴돌고 있다

공기 몇 그램을 넣어도
햇빛 두 숟가락을 넣고 뒤섞어놓아도
천 년 동안 한 번도 변하지 않는 그 맛,

젖 달라고 달려드는 입처럼
사람들이 줄을 잇고 있다

움집

암사동 유적지에 들어서자 개울물이 돌의 지층을 긁어 내리면서 기어이 햇빛을 들어 올리고 달빛을 게워놓고 공기도 꺼내놓는다

제 몸을 쪼개고 쪼갠 돌은 판화처럼 물에 박히고 물은 모래알을 덮기도 하고 넘기기도 한다 얽히고설킨 그 물의 문장을 나는 읽을 수가 없다

개구리들의 울음소리에 부락은 먹구름이 내려앉는다 바람을 타고 내려오는 구름관에 짐승들도 꼬리를 감춘다 빗줄기는 땅에 쇠창살을 박아놓고 며칠 동안 삽질을 하면서 산 채로 그들을 묻는다

안개가 부락을 돌아다니자 고요가 부풀어 올라 무덤은 능선을 잇고 이파리들은 지붕을 덮고 공기는 집요하게 부락을 찾는다

한강이 범람하자 죽었던 마실 귀퉁이가 조금씩 조금씩 열리고 사람들은 부락을 깨낸다

움집은 묻혔어도 집터는 다친 곳이 없다 검게 타들어갔던 돌들은 불을 움켜쥐고 있고 옹기에 담긴 도토리 몇 알도 쪼그라든 주름살을 풀어놓지 않는다

사람들이 기둥을 세우자 죽었던 바람은 지붕에 걸린다

햇빛이 빗줄기의 창살을 걷어내도 바람이 병든 사냥도구들의 습기를 도려내도 공기가 옆집의 소문을 퍼 날라도 허공에 걸린 주인은 끝끝내 돌아오지 않는다

햇빛만 움집을 지키고 있다

허공에 떠돌던 원자인 빗줄기는 개울물을 따라 돌고 돌아다니면서 바다에 다다른다 원어인 파도는 구억 구천구백 년 동안 말을 내뱉는다

경비원

졸음이 눈꺼풀 속으로 들어앉아 빠져나가지 않는다
쏟아지는 빗줄기에 눈치도 흐려지고
공기도 그의 머리를 떠받들고 있다

눈꺼풀과 마주 잡은 졸음이 주민들의 눈에 걸린다

처마에 떨어진 빗물이 관리사무소 유리창을 긁어내린다
소문은 물집처럼 부풀어 오르고
방울방울 떠돌아다니는 졸음은 빗방울을 밀어내고 있다

빗줄기가 미끄러지고 자빠지면서까지
집요하게 지붕을 걸고넘어진다
지루한 장마처럼 그의 바짓가랑이에 끈적거리며 달라붙는다

나뭇잎이 연신 고개를 숙이고 또 숙이면서
바람의 무게에 눈금이 파르르 떨린다

무게의 중심을 잡을 때까지 뿌리는 하염없이 기다리고 있다

처마에 걸린 빗줄기가 밧줄을 조용히 거두어들인다
유리창이 바쁘게 구름을 걷어내고 나뭇잎도 물기를 털어낸다

햇빛이 빠르게 단지의 소문을 걷어낸다

속눈썹에 갇혀 있던 그의 눈치가
그늘을 먹고 있나

당뇨

나의 눈은 이미 알고 있었다
몸에 옮겨놓기 위해 시간과 장소와 때를 기다리고 있었다

건물을 바라보았을 뿐인데, 층층이 올라가던 눈에서 현기증이 난다
앞으로 나아갈 수도 뒤로 돌아갈 수도 없이
허둥대고 있다

눈을 따라 들어온 발걸음이 어두워진 몸의 균형을 붙잡는다
흔들리는 풍경이 몸속에 들어와
제 안에 갇힌 무게를 짓누르고 있다

눈이 구체적인 사실을 꺼낸다

소리가 나는 곳으로 몸이 황급히 쫓아가고
물의 흐르는 소리를 이리저리 막고 있다

공기의 움직임까지 잘 보이다가
잘 들리는 소리가 커다랗게 구르고 있다

다리를 감으려고 달려드는 가로수들
겁이 난 발은 도망을 가려고 하지만
허공에 꽉 물려 꼼짝도 하지 않는다
풍경이 깨지는 것이 두려운 듯 몸속에 있던 걸음들이
빠져나간다

눈은 말을 하거나 불필요한 사족을 남기지 않는다

한 치의 오차도 없이 있는 그대로
풍경을 받아들이던 눈은
몸속에서 끈적거리며 달라붙는 가로수를 꺼내고 있다

콩나물 해장국

콩나물 가득 들어찬 배가 출구를 막고 있다
소화 안 된 악취가 위장을 밀고 당긴다
시원한 콩나물이 제 몸을 삭이면서 숙취를 달래고 있다
머리가 어지러운데
얼얼해진 괄약근이 입을 열까 말까 고심하는 사이
항문은 누구의 눈치도 보지 않고 열린다
상사의 눈치를 보다가 사표를 쓰고 나온 것처럼
조금씩 열렸다가 닫히던 항문에서도 퍼드덕거리는 소리가 난다
시루가 아가리를 마냥 벌리고 있어도
소리가 되는 것도 아니고
박자를 숚아도 악보가 되는 것도 아니고
더더욱 물소리가 악기가 되는 것도 아니다
소리가 뿌리를 내리지 못하고 오르내리고 있다
뚜껑을 닫아야 할까 열어야 할까
이 달 수입 지출을 계산해도 분개도 되지 않는다
불필요하게 자라나는 생각이

그렇게 끈질기게 물고 늘어지고 있다
끝나지 않는 배변이 의심스럽다
찌근거리는 괄약근이 붕어 입처럼 껌벅거리고 있다
급하게 다시 변기에 앉는다
콩나물을 달고 나오던 물똥이
물음표를 조금 더 빼낸다
악취 나는 돈이 다 나온 것 같기도 하고
한참 더 나올 것 같기도 하다

국립해양문화재연구소
— 고려도자기

죽은 손이 천년만년 쥐고 있어도 변하지 않는
저 단아한 색깔들

생선뼈의 문양을 읽을 수가 없다
하늘의 언어를 휘갈겨 쓰고 있는 비구름
빗줄기가 바다에 판화처럼 글자를 새기려고 덤벼든다

휘청거리다가 파르르 떨다가 곧바로 마침표를 찍는다
빗줄기가 쓰다만 필체라고 하면 안 될까?

그 말씀을 들으려고 도자기 속으로 들어간다

하늘의 말씀인 점자가 발바닥에 새겨지도록 밟았을 것이다
체온이 따스하게 스며들면
정갈해진 몸으로 가부좌를 틀고 앉아 도자기를 빚었을 것이다

흙에서 손금이 나온다
불은 그들의 말을 그대로 옮겨 적는다

바닷물에서 나와 유리관에 갇혀 있어도 그들은
하늘의 말씀을 듣고 있다

바다모래

인부들이 그 모래로 평면을 골라놓고 보도블록을 올려
놓는다
그 틈은 아이가 막 나온 것처럼 헐렁하다
고무망치로 보도블록의 골반을 맞추고 있는 것 같다

보도블록과 블록 틈으로 모래들이 들어간다
곱게 층계를 쌓고 게처럼 옆으로 기어 다니면서
착한 선들이 쭉쭉 뻗어 나간다
제 몸을 납작 엎드려 보도블록을 떠받들고 있는 모래알
들은
하늘보다 넓은 신축성을 깊숙이 박아놓는다

깨어져서 흘러내린 자리를 메우느라
땀을 뻘뻘 흘리는 저 모래 속에
여자들이 숨어 있다

오래 구부려 끊어질 듯 아픈 허리가

블록과 블록의 간격을 메워주고
옆으로 밀어주고 뒤를 당겨준다
길의 중심은 흔들림이 없다

저 여자들보다 먼저 온 어머니들의 허리가
돌탑을 쌓고 있다

링거

요양병원 침대마다 물방울이 그득하다
오그라든 척추가 침대에 눌어붙어 있고
링거 줄에 !가 매달린다
구멍에서 !가 방울방울 올라온다
!가 막힌 핏줄을 뚫으려고 안간힘을 쓰고 있다
배에 붙어있던 살이 흐물거리며 곧 떨어질 것 같다
갈비뼈가 가슴 살갗을 잡아당기고 있다
물이 밥이 될 때까지 몸을 삭히는 중이다
해골이 밖으로 나오려고 눈 속에서 기웃거리고 있다
! 에 뼈가 들어 있다
옛날에 먹었던 젖을 행주처럼 짜낸다
!가 어린 웃음도 다 게워내고 있다
! 가 물방울이 되었다가 1이 되었다가 0이 되어가는 순서를 지키고 있다
!가 알 수 없는 말을 침대에서 떨어뜨리고 있다
여자가 문 앞에서 기다리고 있다고 신발을 달라고 한다
우유 반 순가락을 먹었더니 속까지 시원하다고 한다

눈에 !가 들어간다 눈꺼풀이 질금거리며 방점을 찍는다
고요가 팔다리의 핏줄을 다 빨아먹고 올라온다
공기가 콧구멍에 알을 슬어놓으려고 한다
할머니들은 똑같은 표정으로 대기하고 있다
! 속으로 할머니들이 들어간다
할머니들이 되돌아볼 틈도 여유도 주지 않고
!!!!!!!!!!!!!!!!
줄을 서서 기다리면서 그 나라 말을
열심히 배우고 있다

제2부

구름 위의 문장들

동두천 8차선 대로
달리던 버스가 1톤 트럭을 삼켰다
운전 기사는 졸음을 밟아
트럭 기사의 몸을 속도로 압축하고
트럭의 영혼을 단숨에 부품으로 해체하였다

타이어는 개울가로 튀고
달려오는 차들이 무심하게 신발을 짓뭉개도
그의 체온을 마지막까지 움켜쥐고 있다
구르는 배터리는 보험료로 작성되고
죽음은 바로 돈과 교환될 것이다
수거되지 않은 심장처럼 트럭에서 새어나온 시커먼 오일이
질펀하게 사고 현장을 그린다
구름에 가렸던 햇빛이 얼굴을 내밀고 있는 사이
차창으로 빠져나온 팔이 흔들,
손가락이 계기판 바늘처럼 움직이다가 허공에 얹힌다

하늘은 백지처럼 하얗게 펼쳐지고
바람만 가늘게 떨리는 손가락을 붙잡고 있다

지금쯤 아이는 육교를 지나 학교로 가고
아내는 아침 설거지를 할 것이다
상처 없는 생각이 깨진 살 틈으로 빠져나가는 동안
움찔움찔거리던 손가락이
허공에 적으려던 문장은 무엇이었을까
완성할 수 없는 글자들은 엔진 오일처럼 줄줄 흐르고
깜박깜박 조는 손가락을
천천히 천천히
구름 위로 올려놓는다

치약의 말씀

아파트관리사무소에 근무하는 날부터
주민들의 말을 스펀지처럼 빨아들입니다
술을 먹고 잠을 자도 풀리지 않는 소리는 몸에서 아우성을 칩니다
욕설과 삿대질을 오가면 심장이 경풍을 하고
깜짝 놀란 몸은 잠을 자주 설칩니다

치약에 남아 있는 잠을 짜냅니다
바쁘지 않은 잠은 느긋하게 고여 있습니다
설설 기어들어 가는 잠을 다시 꺼내놓습니다
하품만 지루하게 나옵니다

치약을 접고 폈던 소리가 몸에 모이고 있습니다

오늘도 성질을 돌돌 말아야 할지 접어야 할지
정말 모르는 소리만 나오고 있습니다
나도 모르게 쌓아놓았던 주민들의 말을 꺼내놓고

질경질경 씹고 있습니다

밥을 먹어도 욕실 문을 열어도
아직도 다 짜내지 못한 화가 치약에 남아있는지 모릅니다
칫솔로 빡빡 문지를수록 거품만 일고 있습니다
삼키지도 못하고 뱉지도 못하고 입 안에서 우물거리고 있으면
토할 것 같습니다

햇빛에 먼지가 자욱하게 피어오릅니다
캄캄한 구석에 갇혔던 성질도 일어났다가 수그러들고 있습니다

흥분한 몸이 썼던 사직서를 치약이 접었는지 모릅니다

이틀 동안 접고 접었던 치약의 말씀을
몸이 받아들이고 있습니다

그리고 그래서라는 말은

또 양성이란다
손톱 마디만 한 폐를 남겨놓고 다 잘라야 한단다
그리고…… 그래서…… 끊어졌던 의사의 말이 열리고
그의 머리카락이 자라나는 기세에 따라
음식을 먹는 양에 따라 공기를 먹는 양에 따라
상승하는 온도에 따라
냉난방기에 드나드는 바람의 양에 따라
종양은 핏줄을 빠르게, 천천히, 돌아다닌다
아직도 그의 머리카락이 새까맣게 자라고 있다는 것은
신이 주는 마지막 선물이다
의사가 고개를 갸웃거리면서 모니터 화면을 보다가
한숨으로 가족들의 얼굴을 더듬다가 창문을 바라본다
의사의 입을 따라가던 가족들의 눈도 유리창에 걸리고
안에 있던 풍경이 바깥으로 전이되고
거울이었던 햇살은 연못 위로 제 빛깔을 거두어들인다
서쪽 하늘에서 핏빛이 서서히 창문으로 오고
그리고로 시작한 말은 그래서에 다시 물린다

대기실에서 태연하게 연속극을 보던 환자들은
호명에 따라 진찰실로 들어가고
가족들은 수술상담실로 가고
그리고 수술은 결정되고 그래서 수술은 진행된다
울음과 한숨과 고함은 대기실에 모이고
그리고와 그래서는 계속 수군거리고 있다

청소부

빗자루를 잡고 허리를 펴라고 한다
팔에 힘을 빼고 빗자루가 가는 대로 몸을 움직이라고 한다
그 자세로는 5분도 못 쓴다고 한다

그녀는 빗자루를 잡고 보폭을 일정하게 밟으며
앞으로 갔다가 뒤로 돌아 한 박자를 늦추고
왔던 발걸음을 그대로 다시 밟는다
설렁설렁,
리듬을 타고 마당을 끌어당겼다가 놓는다
들숨과 날숨에 맞춘 실룩거리는 엉덩이가
마당을 시원하게 긁는다

그녀가 써내려가는 빗질은 감정을 주입하지 않는다
아이들이 대학교를 졸업하고 직장에 다닐 때까지
그녀의 빗자루는 마당을 이탈한 적이 없고
한 번도 주제를 벗어난 적도 없다

저 가벼운 필체,
아들 세 명을 결혼시키고 분가시킨 솜씨란다
누구한테 드러내려는 것도 아니라고 한다

종양제봉투의 벌어진 입을 누가 다물게 할까
노면이 고르지 못한 그녀의 소리가 문턱을 넘다가 덜컹거린다
가을을 넘기지 못한 이야기가 모서리에 소복하게 고여 있다
그녀의 완력에 벗어나지 못하는 낙엽들,
빗자루가 사계절을 쓸어 담으면 그녀의 지문도 사라진다
마당에 삽화처럼 맴돌고 있는 그녀의 이야기를 나는
그러모은다 내 몸이 비틀거리다가 어지러워지다가
갈지자걸음을 하고 있는데
빗자루가 대신 방점을 찍어준다

입술

꽃밭에서 날아가던 나비가 발등에 걸리는 늦은 오후
날개의 파문이 꽃잎에 어지럽게 내려앉는다
몽우리를 벗는 소리만 여리게 들리다가 잠긴다

갓 태어난 순간이었다가
가늘게 떨리는 가파른 웃음이었다가
궤도를 벗어나는 죽음이었다가

날개는 다시 나비가 된다 바람의 근육이 솟아오른다
부풀어 오르는 날개를 접었다가 펴는 사이
공기가 파르르 떨다가 끊어지다가 이어지다가
겨우 중심을 잡는다 모든 균형이 제자리로 돌아온다

임종실에 있던 그의 입이 열릴까 말까
파닥거리는 날개가 목구멍에서 와자그르르하게 가래를
긁어낸다
마지막 남은 치약을 짜듯이 온몸이 부르르 떤다

불규칙적으로 떨어지는 숨소리에 공기도 멈춘다

드디어 나비가 날개를 편다 허공과 맞물린다
열렸던 입술이 닫히는 순간이다
공기와 마주 잡은 날개가 허공에서 멈춘다
접고 펴는 일이 이렇게 간단명료하다

소름이 돋아 올랐던 햇살이 대지를 가늘게 붙들고 있다가
눈꺼풀을 내린다 그림자가 모든 구멍을
천천히 닫고 있다

척추

벼가 여물고 있는 사이 구름이 다녀가고
지나가던 바람이 벼의 무게를 달고
굽은 이삭에 구름이 와 걸린다

나무는 저울이고 바람 앞에 이파리는 눈금이다
이파리는 바르르 떨려도
제 안에 갇힌 소리의 무게를 달지 못한다
나뭇가지는 앞발을 높이 쳐들고
한참을 허공에 헛발질하다가 제 힘에 지쳐 제자리로 돌아
온다

바람을 따라다니던 빗방울이 대지에 줄을 잇고
빗줄기 소리에 여린 이삭이 저울에 매달린다
빗방울이 바람을 굴리면서
개울을 지나 강을 지나 폭포를 지나
논밭에 다다르는 사이

비닐하우스에 세운 파이프 수십 가닥이
아버지의 허리처럼 휘어져 있다

비구름이 등마루에 순서대로 내려앉자
펄럭이는 소리를 쥐고 있던 연결핀이 욱신거리고
비닐하우스를 떠받들고 있던 파이프에서도 땀이 끓어
오른다

천둥소리에 일 번 척추가 우지직
간격이 벌어진 척추는 인대에 매달리다가
눈금이 자지러진다

속도의 맛

공기의 맛을 알아요 달리는 속도의 맛도 알아요
과속을 자연스럽게 제어할 줄도 알아요
어떤 무게에도 흔들리지 않아요
폐타이어를 잘게 부수고 붙여 만든 도로는 붉은 도로
우리는 다시 도로에 모였어요
낡은 도로에 붙어 있던 속도를 걷어내고
노상표면에 낀 먼지를 인부들이 제거를 해주었어요
우리도 도로에 속도를 잘게 쪼개놓았어요
제 몸에 붙어 있던 과속도 꺼내놓고 묻었어요
한 차례의 다짐을 균일하게 하였고요
그래도 의심스러운지, 롤러가 과속을 세 번씩이나 다졌어요
우리는 서로 밀리지 않으려고 발버둥을 치다가 자연스럽게 뭉쳤어요
달릴 땐 그 맛을 알지 못했어요
이곳에 와서 몸을 낮추는 법을 배웠죠
우리는 땅과 마주 잡고 있다가

구르는 속도를 둥글게 말아서 받쳐주다가 올려주는 것이라고

속도를 양탄자처럼 펼쳐놓는 것이라고

보세요, 우리가 속도를 보살피고 있으면

자전거 바퀴가 바람을 살살 굴리면서 달리고 있잖아요

속도의 맛을 느껴본 우리만 그 맛을 알지요

건너편, 콘크리트로 만든 도로에서는

바퀴가 허공으로 내달리잖아요

우리는 고개를 함부로 들지 않아요

제 몸을 조각조각 기우면서

사람들의 발걸음을 감싸주고 있어요

저수지

사방에서 몰려오는 고요를 꽉 붙잡고 있다 물에서 나왔다가 갇혔다가 다시 물속으로 들어가는 수면이 얼음처럼 무섭게 응고되어 있다 아침 햇살이 너무나 쉽게 거두어간 회사도 박혀 있다

그는 연신 냉수를 마시면서 낚싯줄을 던진다 수면 아래로 들어갔다가 제자리로 되돌아오는 찌를 바라보고 있다 물보라를 일으키는 바람이 쉼 없이 찌를 흔들어댄다 피라미들이 뛰어오르다가 구멍 난 자리를, 물이 스스로 깁는다

물을 끌어안고 있던 찌가 깃발을 간신히 꽂아놓고 중심을 잡는다 수면으로 구겨진 얼굴들이 떠올랐다가 가라앉는다 물안개에 가려져 있던 생각이 또렷해진다 그의 몸에서 증기처럼 뜨겁게 달아오른다

그는 찌를 보듯 다시 보고 또 본다 그의 몸에서 쉰내가

나고 어린 아이들의 웃음도 새어나오는데 금세 찌가 수면 아래로 잠긴다

엉킨 낚싯줄을 풀듯이 몸에 감고 있던 물의 그림자를 하나씩 풀어본다 중심을 잡고 있던 찌가 보이지 않는다 낚싯대가 물속으로 끌려간다 그의 몸이 저절로 일어선다

뒤통수

뒤통수에 거울이 붙어 있다
옷자라는 생각이 서서히 무디어 간다
경비원이라는 모자를 쓴 날로부터
지난 이력을 다 지운 줄 알았는데,
체력은 아직도 왕성하게 남아 있다
눈가에 주름이 계급장처럼 붙어 있다
주민이 시장바구니 들고 오면 얼른 받으면서
눈썹을 최대한으로 낮추고 웃음을 그러모은다 그는
양손에 물건을 들고 있어도
웃음을 무너뜨리지 않으려고 있는 힘껏 주름을 편다
사람들로부터 부서지는 말을 얼마나 담았던가
경비초소는 목줄이다
진돗개처럼 꼬리를 살랑거리며 주인의 눈치를 살핀다
권력은 공기처럼 가볍다
급여를 누가 주느냐 따지는 입들이 바로 권력이 된다
시간당 육천사백칠십 원 확정 발표를 하자
주름에 구름 가득 고여 있다

승용차가 지나갈 때마다 차단기도 자동으로 인사 한다
공손해질 대로 공손해진 손도 인사를 한다
눈빛이 땅바닥을 쓸고 나면
낙엽 한 장이 나른한 오후를 휘감는다
감시자의 눈은 방범창이 없다 사방에 눈이 달려 있다
일흔이 넘은 그의 나이도 주인들의 입에서 웅성거린다
나무에 무심히 앉아 있는 새 한 마리,
날개를 잃어버린 것 같다

둥글다는 거

바람과 햇빛과 달빛과 공기들이 유목민처럼 모여 살다 떠난 곳
그는 보름 동안 오지 않았다

외진 농장에서 고요가 능선으로 울타리를 치고 있을 때
개밥그릇에 담긴 햇빛을 그림자가 먹고 있을 때
말뚝에 박힌 개의 목줄은 끝없이 태엽을 감고 있었다

산이 컹컹 울었고 달빛이 개밥그릇에 담겼다
구름은 둥근달을 갈아먹었고
울음소리에 달빛이 어두워져 갔다
개의 혓바닥은 죽음을 닦았고
산도 그림자를 마주 잡고 어둠을 넘고 넘었다

허기가 위장을 간지럽게 긁어대면
혓바닥에 걸린 기다림은 늘어지고 있었다
어느 누구도 긴 기다림의 혓바닥을 붙잡지 않았다

목줄에 걸린 햇빛이 그 끈을 놓지 않고 그 풍경을 가득 채웠다
둥글게 돌아다니는 시간은 목줄을 잡아당겼고
바람 앞에 무릎이 풀리고 있었다

죽음이 먼지처럼 달라붙는 중환자실
간성혼수로 쓰러진 그의 배에서 보름달이 떠오르고 있었다

햇빛이 어둠을 닦고 있을 때
억만 배를 올렸던 그릇이 번쩍거리면서
그의 무릎을 일으켜 세웠다

개기월식

졸음은 눈치가 없다
그는 어제 야간근무를 해서 그런지
점심을 먹자마자 의자에 앉아 눈을 비빈다
눈썹 위로 처마가 아른거리는지
지붕이 걸려있는지
내려오는 무게에 윗눈썹은 아랫눈썹을 마주 잡는다
음식을 소화중이니 아무도 들어오지 말라고
꾸벅거리던 고개가 모든 소리를 걸어 잠근다
달이 월식하고 있는 것 같다
이 둥근 무게를 끌어안고 자전하는 의자
상사가 들어와도 꾸벅, 여직원들이 들어와도 꾸벅,
눈썹이 합장하는 동안,
깜깜함 속의 여유로움이 얼굴에 찾아오고
기어이 궤도를 이탈하여 달 속으로 들어간다
다 퇴근한 사무실에서
상사한테 반려되었던 '합계잔액시산표' 를 다시 펼쳐놓
는다

자재대금을 누락시켰다가 찾는데 걸린 날은 0일,
전산프로그램에 다시 입력 시킨다
각 계정별로 분개를 하는데 걸린 날은 27일
대변과 차변의 금액이 똑같아지는 날도 27일
부분식에 가려졌다가 누명을 벗은 날은 3일
야간근무를 마치고 조는 사이 동료들이 출근하고 있다
지구에 세 들어 사는 한 직장을 벗어나지 못하고
제 안에 갇힌 시간도 풀리지 않는다

실업자의 아침

사내는 머리를 쓸어 넘기며 겨울나무 속으로 들어간다
나무 속으로 들어가는 둥근 시간처럼
햇살에 구멍이 쑥쑥 뚫린다

이파리도 몸속에 있던 수분을 뿌리에게 돌려준 지 오래,
마른 바람의 멱살에 붙잡힌 나무도 모든 입을 다물었다
나무는 속이 꽉 차 있어서
가지 철조망에 걸린 사내는
앞으로나 뒤로나 옆으로나 빠져나갈 구멍이 보이지 않는다

햇빛에 나무가 더 가늘게 깎이고 있다
햇빛이 자신의 영역을 넓혀갈수록
사내의 갈비뼈는 보도블록에 앙상하게 박힌다

한여름에 매달린 이파리를 나뭇가지가 다 놓아버렸다

눈보라가 사내의 몸속으로 들어오고 있다
사내도 나무도 그림자를 지운다
나뭇잎들은 땅속에서 사각거리고
사내는 빠지지 않는 갈비뼈를 가까스로 빼내고
그곳을 빠져나온다

나무들의 발소리를 뚫고
개울물이 얼어가는 소리를 밟으면서

바람에 파 먹히지 않으려고 몸을 반으로 접은 사내가
튼튼한 건물 그림자 속으로 들어가고 있다

밤의 심장들

어스름이 서서히 도로에 내려앉자 자동센서가 가로등을 켠다
어둠이 엑스레이처럼 지나가다 가로등 심장에 걸리고
시간에 쫓긴 바퀴는 덜컹거리고
미처 빠져나가지 못한 속력은
불빛에 흔들리고 흔들리며
뛰어도 제자리다

클랙슨이 꽉 막힌 도로를 뚫는다
소리가 소리를 쫓다가 가늘게 떨어지고
화물차를 추적하는 헤드라이트가 눈꺼풀을 치켜세웠다가 내렸다가 반복하는 사이
게거품을 문 엔진은 영문도 모르고 뛰고 있다

정체된 도로에서 일제히 뛰고 있는 심장들

네온 불빛이 불빛을 마주 잡자

박쥐처럼 밝아지는 눈들은 빌딩을 부여잡고 뛰어 다닌다
뛰고 뛰어다니는 바람에 소름이 돋아 올라
바퀴에 갇힌 공기가 욱신거리고
엔진도 소리를 뜨겁게 달군다

구름도 달빛을 붙잡고 흔들어대다가
절정의 어둠 속으로 끌려가고
별도 저 멀리 달아나는 밤을 쫓아 넓게 뛰다가 총총히 뛰다가
조금 느리게, 더 느리게, 풀리고 있을 때

수만 개 모기들의 심장이 가로등에 매달려서 뛰고 있다

제3부

더듬이

청소아줌마가 쓴 업무일지를 보고 있다
널브러진 글자가 꿈틀거리다가 제자리를 찾으려고 안간힘 쓰고 있다

'화장실 청소를 해서요' '계단청소를 해서요' '헬스장 청소를 해다'

내 눈에서 쌍시옷이 떨어진다

육이오 때 엄마 아빠가 나를 버렸는지 나도 모르다우
평북에서 전라도로 경상도로 돌아다니다 보니
글자가 더듬이가 되었다 안카요

그녀는 책상에 앉을 때마다 잠시 잠깐 생각에 젖어 들다가
빈대가 머리에 옮은 것처럼 머리를 빽빽 긁는다
머리카락이 검게 눌어붙은 시간을 쓸어 넘겨도

ㅆ이 붙지 않는다
꼬이고 꼬인 글자들이 혓바닥에 감겨 빠져나오지 못하고 있다

빗자루가 횡을 바꾸고 연을 나누어도 흐트러짐이 없다
손이 가는 곳마다 손톱이 다 닳아
마음 한 구석에 허전함을 닦고 쓸어도 ㅆ은 붙지 않는다

나는 엄마 아빠 대신 ㅆ을 그녀에게 붙여준다

저울의 하루

버스 손잡이에 오늘의 무게를 달아본다
불안한 먹구름들이 차창을 무섭게 채운다
구름 그림자처럼 슬며시 용역회사 사무실로 들어간다
현장사무실에서 걸려오는 전화에
대기자들이 추처럼 주렁주렁 매달려 있다
초침 돌아가는 소리만큼씩 줄어든다
불안한 기대가 시계추처럼 돌아가는 이곳을
벗어날 수가 있을까
작업복에 떨어졌던 땀방울이 코끝에서 맴돌고 있다
오늘은 누가 그의 무게를 달아 줄까
기다림이 저울에 매달려
오르락내리락,
공사현장에서 두 손으로 난간을 잡고
몸을 의지한 채 허공을 향해 헛발질해댄다
자라나는 아이들의 무게를 어깨에 지고
바르르 떨리는 저울 바늘을 딛고
마지막 순번으로 도착한 공사현장,

벽돌을 지고 나르다 살이 찢어지고 터져도 비명만 병원에 오갈 뿐

그는 묵묵히 적벽돌과 사모래를 번갈아 지고 계단을 오른다

그의 등줄기에서 시멘트가루와 땀방울이 뒤섞인다

모든 벽돌이 저울로 이동한다

건물이 붉게 일어서고 있다 그의 손이 헐거워진다

너덜너덜한 하루를 벗는다

아이들에게 건네줄 수 없다는 듯

지독한 쉰내를 둘둘 말아 저울에 오른다

배부른 저울추가 튕겨나간다

강화유리

아침 뉴스는 사건사고부터 나옵니다
출근하는 사람들의 발걸음 소리가 창문 틈으로 달라붙습니다
눈동자가 티브이 화면 속으로 빨려 들어갑니다
아내는 설거지한 물을 싱크대에 확 뒤집습니다
화면이 일그러져도 말소리는 끊기지 않습니다
거름망에 걸린 밥알이 제자리걸음만 하고 있습니다
눈동자가 유리창을 닦아도 먼지가 지워지지 않습니다
빗물이 눈동자 대신 유리를 닦습니다
밤중에 도심을 달리던 자동차가 싱크홀에 빠졌다고 합니다
깨진 유리창에서 거미줄이 나오고 있습니다
실금이 자동차를 움켜쥐고 있습니다
유리를 밟다가 피멍이 들어도 소리가 밖으로 새지 않습니다
손금처럼 갈라진 땅속에서 물줄기가 도로의 부재를 채워줍니다

무너져 내림으로써 허기진 배를 채웁니다
티브이에서 나는 소리를 듣던 몸도 거미줄에 친친 감깁니다
유리는 제 몸이 찢어져도 몸속에 감춘 소리를 꺼내지 않습니다
아내의 잔소리에도 주름이 일그러지지 않습니다
금이 가는 소리를 단단히 묶고 있습니다
눈동자가 질금거리며 유리창을 닦습니다
창문은 빗물을 받아들이면서 제 감정을 다스립니다
웃음 가득 고인 주름으로 유리창을 닦습니다
유리창에서 눈치가 환하게 피어나고 있습니다

그늘

겨울바람에도 여름의 긴 혓바닥이 걸려 있다

찢어진 코팅장갑
누가 저 땀들을 소복하게 걸어놓았나

공사장 날림먼지를 훌훌 털어낸 바람이 눈을 움켜쥐자
할퀴고 긁힌 상처를 구만리까지 덮으며
눈이 쌓인다
인부들이 써내려가던 땀의 문장에 눈보라가 마침표를 찍는다

칼바람에 허기가 싱싱하게 눕는 밤
바람이 굴착기처럼 허공을 파헤쳐놓는다
길들이 꿈틀거리다가 휘어지다가 막다른 길에 다다른다
국수가락처럼 말아놓은 밤이 바람을 후르르 삼킨다

누가 허공에 성긴 뼈들을 걸어놓았나

백색 깃발을 휘날리며 밤새도록 농성을 하던 눈이
나뭇가지에 고요히 얹혀 있다
일용직노동자들의 걸음을 삼천리까지 묶어놓는다

탁 트인 하늘
쇠창살이 흔들흔들 내려오고 있다
모든 사물에 채워진 수갑이 풀리지 않는다

비포장도로

보트가 강물의 수면을 가른다
소스라치게 놀란 물방울이 허공으로 튕겨 오르다가
금세 연잎처럼 납작납작 물 위로 구른다
소낙비가 쏟아 부어놓은 곳마다 웅덩이에 물이 고여 있다
승용차가 울퉁불퉁한 비포장도로에 접어든다
웅덩이가 자동차의 바퀴를 물고 있으면
고인 물은 멀미를 토해내고
승용차가 물 위로 솟구쳐 올랐다가 다시 물속으로 잠긴다
가속 페달에 물은 허공으로 튕겨 오르고
고인 물은 괄약근을 오므린다
흩어졌던 물이 제자리로 돌아오고
젖은 바람은 간지럽게 혀를 쑥쑥 내민다
아내의 저절로 터져 나오는 신음이 물바람에 맞물려서 공처럼 튄다
시원하게 풀린 바람의 혀가 귓불을 쓰윽 핥으면서

목을 감았다가 놓았다가 다시 가슴을 감는다
물 위로 굴러다니는 바람에
물은 간지럼을 타고 산자락으로 올라간다
아내가 말한다
당신하고 살면서 이렇게 덜컹거려 본 적이 없다고,
차창으로 들락거리던 바람이 앞가슴을 풀어놓는다
내 머리카락도 덩달아 허공으로 들락날락한다
흔들리는 머리카락을 끝까지 잡고 있던 모근이 빳빳해
진다
바퀴가 지나간 자리마다 물이 팽팽하게 수면을 잡아당
긴다
비 갠 하늘이 맑게 뻗치고 있다
덜컹거렸던 비포장도로가 물 위에서 곧게 펴지고 있다

움집 터

매일 그 자리에 내려앉는 햇살이 불을 밝혀주면
내 눈은 부락의 풍경을 밟는다
아직도 튼튼하고 투명한 기둥은
오고가는 사람들의 발자국을 쫓고
한 번도 떠나지 않았던 빗줄기는 기둥을 가늘게 잇고
조용히 제 모습을 꺼내놓은 돌들이 옹기종기 모여 있다
시커멓게 타들어갔던 화덕은 방을 붙잡고 있고
갈대가 바람에 침대처럼 깔린다
연기 속으로 빨려 들어간 살코기가 담백하게 코끝을 맴돌고
옹기의 보살핌에 도토리가 바스락거린다
빗줄기에서 시끌벅적하게 고래를 사냥했던 이야기가 나오고
처마 끝에 달린 물고기가 퍼덕거린다
풀벌레들이 한바탕 울고 가도
밤새도록 날을 세웠던 소리가 잦아들어도
달빛은 짐승들의 발자국을 고요히 밟고 있다

풀잎 이슬이 간당간당 매달려 있어도
그물추, 갈판, 갈돌, 돌화살촉, 돌도끼, 긁개들은
주인의 손맛을 부여잡고 있다
그들은 공기로 바람결로 물로 흩어져서
땀으로 다져놓은 움막을
억만 년 동안 굽고 있다

팽이

침대 위에서 뒤채이며 몸부림치는 그의 잠이
바퀴벌레를 불러오고 앵앵거리던 모기들도 숨죽이게 한다
파리들도 잠들게 하고 거미줄을 치던 거미도
그만 쉬게 한다

격렬한 잠이 고양이 울음소리도 잠재운다
선풍기의 날개가 접히고 모기의 날개가 허공에 붙는다
턱뼈가 부드득 떨린다 공기가 이빨에 물린다
사각사각 씹힌 공기를 내뱉는다 볼에서 살이 떨고 있다
이빨 가는 소리를 다 집어삼킨 침대가
들썩거린다, 그가 돈다, 벽이 돌아다니면서 창문을 연다

떨리는 목뼈를 치켜세우자 소스라치게 놀란
이불이 침대에 나뒹군다 베개가 돌아다니면서 불빛을 지우고
책상이 돌고 의자가 따라 돈다

시곗바늘도 거꾸로 돌아가고 거품처럼 먼지가 올라온다
창문이 미끄러지듯 닫히고 방문도 닫힌다

방이 돌아다니면서 그의 몸속에서 터진 소리를 문다
소름이 돋아 오른 먼지도 그의 소리를 살살 돌린다
바람이 돌아다니면서 그를 돌리고 있다

방에 갇힌 잡다한 소리들의 아우성
그가 시원하게 패대기친다 드디어
그가 조용히 아주 조용히 모든 소리를 감는다

사춤 치기

담장에 사춤을 넣지 못한 벽돌의 아귀가
조금씩 삐걱거리는 것 같다
시멘트에 물을 넣고 흙손으로 잘게 섞은 후
칼로 이리저리 뒤적거린다
햇살이 초벌을 발라주고 먹줄을 튕겨준다
엉덩이와 머리, 옆구리와 옆구리가 서로서로 엇물린
벽돌 틈 사이
칼춤이 백시멘트를 집어넣는 사이
엉덩이와 엉덩이 사이를 메웠던 자리엔
먼저 바른 자리가 굳어지다 실금이 생긴다
틈 사이가 쉬지 않고 벌어지는 것은
벽돌과 마주잡은 손에서 믿음이 풀리고 있다는 것
균열은 거미줄처럼 엉킨 벽의 손금인 것
부재를 알려주던 햇살이 재벌해준다
사춤을 넣던 칼이 가슴에서 다시 빠져나오고
칼은 벽돌의 이빨에 다시 물리고
엉덩이춤은 실금을 말끔하게 펴놓는다

칼을 감아쥔 손도 사춤에다가 손금을 다 밀어 넣는다
벽돌과 벽돌을 마주잡은 줄눈이
아래로 위로 흔들고
엉거주춤 엉덩이춤에 흐르는 땀이 춤을 춘다
엉덩이 가득 손금 가득 채워놓은 담장에서
여름은 구름보자기를 풀어놓고
소낙비는 강도시험을 줄기차게 두들긴다
폭풍드럼이 수천 번 담장을 내리쳐도
천둥이 콰르르 쾅쾅 백 년을 내려쳐도
벽돌의 손금이 풀리지 않도록!

땀

장맛비에 절개지가 무너져 토사가 수로를 덮쳤다
새벽부터 농부들이 삽질하고 있다

기지개를 편 땀구멍이 긴 하품을 하면서
몸속 졸음을 게워 낸다 땀이 씨앗을 뿌린다

삽이 흙의 배꼽까지 내려가고 있다
떠오르는 김을 부여잡은 햇살이
공기의 주름까지 다 빨아들인다

삽이 흙의 아가리 속으로 쑥쑥 들어간다
삽을 물고 완강하게 버티던 흙이
허물어지고 삽은 가속이 붙는다
삽의 길을 막는 돌에서 불꽃이 튕긴다
흔들거렸던 돌이 흙의 아랫배를 비비기 시작하자
리듬을 탄 핏줄이 땀을 끓인다

굳은살이 손금을 다 지운 줄 알았는데
면장갑에서 올이 풀리는 소리가 소곤거리며
거미줄 같은 손금이 돋아나고 있다

삽이 들락날락거릴 때마다
갈라졌던 손금들이 삽자루를 감아쥐고 있다

온몸으로 우려낸 땀의 씨앗이
곧 발아할 것만 같다

노을에 손이 풀리고
손금이 갈라지고 갈라져서 땅속에서 흐르다가
수북하게 쌓인 마른 땅에서도 점점이
땀이 솟아오른다

오늘 하루 포근하게 눈을 감는
땀구멍!

선물

액자에 가득 고여 있는 웃음을 누가 선물 하였을까?
흘러넘치는 웃음이
활짝 핀 그대로 멈춰 버린 웃음이
흐트러짐도 없이 생생하다

슬픔에 잠긴 주름은 얼씬도 못하게 묶어놓고
구십 년 넘게 웃음을 끌어당겼던 능숙한 솜씨로
불빛을 그득하게 안고 있다

문상객들이 수백 명 와서 와작하게 떠들어도
더 웃지 말라고 상주들이 울음을 터트려도
손자들이 절을 해도
눈길 한번 주지 않고 덕담 한 마디 없이
선물에 묶여 있다

성남 화장장에서 선물상자가 풀리고 있다

폭죽을 터트리듯 배에서 터져 나오는 웃음을
불길에 타면서 쪼그라드는 웃음을
불꽃이 하얗게 핥아먹고 있다

자동차 노숙

소송 하는 날부터 수임료가 한 건 한 건 늘어난다
그를 지탱해주던 돈은 바닥나고
사무실이나 집이 그를 옥죄고 있다

공기가 그의 손을 잡는다 목적지도 없이
바람이 인도하는 대로 달빛이 안내하는 대로 달리다가
막다른 길에 다다르니 마냥 편안해진다

그의 숨소리가 흥분하여 차안의 공기를 데우고 있으면
실룩거리는 콧구멍이 심장 박동을 조절한다

돈이 사라지자 가려움도 사라졌지만
슬픔은 제 몸집을 키우고 있다

시동을 건 지 오래된 자동차는 늘 누워있느라 편안하고
시동이 걸리지 않는 그의 몸은 감정이 없다

앵앵거리는 모기들이
그의 잠자리를 밤새도록 보살피고 있다

두드러기처럼 자동차 위에 돋은 밤이슬은
아침까지 표면장력을 풀지 않는다

풀리는, 손

중풍은 아랫도리를 신경질적으로 벗었다
웃음도 없이 입술도 없이 매일 똥을 매만졌다
온몸에 치대다가 패대기치다가 방바닥을 마구 뒹굴다가
벽에 주렁주렁 걸어놓았다 괄약근에 힘을 모아놓고
무엇을 그렇게 그리려고 하였을까?

중풍은 말문이 막히자 똥오줌으로 방바닥과 벽을 칠했다
사계절 내내 벽을 타고 피고 지고, 지고 피고,
떨어지면 붙이고 붙이다가 촉촉하게
젖은 벽지가 자박자박 방바닥에 뭉개져 내렸다
왼쪽으로 오른쪽으로 마비된 수족을 돌리다가 지치면
틀어진 입에서 터져 나오는 목울대가 벽을 타고 올라가다가
벽지를 긁어내렸다

죽어가면서도 손에 똥을 쥐고 있었다
풀리지 않는 손도 벽을 향하고 있었다

사 년 동안 닫혔던 방문이 열리고 친척들이 다급하게 뛰어 들어와
시끌벅적하게 중풍의 몸에 매달렸다

죽어서야 입이 돌아오고 다리가 펴지고 손도 풀리고 있었다

이제 완치된 중풍은 벽에 걸려 있다
뒤틀렸던 입술은 제자리로 돌아와 맑게 웃고 있다

제4부

스티커

대문에 붙어있는 스티커를 뜯다가
다음날이면 어김없이 또 붙는 스티커를 뜯다가
스티커 뜯기를 멈추고 산동네를 떠났다
멈추고 떠날 때는 다 지운 것이어서
지운 것은 없는 것이어서
없는 여기 산동네로 다시 돌아오게 될 줄 몰랐다

대문을 겹겹이 도배한 스티커 화려하기조차 했다
긁히고 찢긴 조금도 아물지 않는 가업
허파와 심장과 위장이 모두 철대문에 붙어
겨울 냉기를 고스란히 빨고 팽팽해졌다

추락하고 있는 줄도 모르고
이력서를 쓰고 찢고 쓰고 찢었던 것
부도난 회사의 대표였던 이력은
지급기일을 넘긴 어음처럼 휴지였던 것
부도를 막기 위해 오래전에 빌린 사채가 펄럭이며

산동네 꼭대기까지 얼마나 난타해댔던가

골목을 돌며 전봇대 기둥과 자주 부딪친다
골목에는 늘 똑같은 소리로 이자가 와 달라붙는다
눈치 없는 거미줄이 발걸음에 와 걸린다
발이라도 와 걸어주는 이것이 거미줄의 눈치

잠만자는직장여성환영 오십세이상알바모집 선원大모집
배달부즉시출근가능 일수당일대출 신용불량자도대출可

얼어붙은 전봇대를 덥히는 환영, 가능, 대박,
대문에 붙이신 스티커를 뜯어내고 있는 아들이 보인다
컴퓨터 게임 대신 싫증 모르는 스티커 뜯기 놀이
경첩이 떨어지려는 대문을 얼른 받쳐보려는데
어제까지 떼어낸 적색 신불자대환영 스티커가
어린 아들의 등에 세습처럼 붙어 있다

32 킬로그램

공손해질 대로 공손해진 걸음이 공기 위로 사뿐히 걸어 나온다
근육이 풀어진 걸음이 천천히 움직인다
바람이 잡아당기는 대로 휘청거리며 나온다
바닥을 내디딜 때마다 징검다리처럼 나온다
매일 똑같은 말을 반복하는 걸음이 지겹도록 나온다
죽을 먹어도 걸음이 싱싱하게 나온다
고기 한 점 만큼 걸음이 나온다
밥알을 흘린 만큼 걸음이 나온다
뼈가 쪼그라들다가 주저앉은 만큼 걸음이 나온다
걸음으로 들어간 걸음이 더디게 나온다
핏기가 없는 걸음이 다리를 절며 나온다
힘줄이 당기는 대로
밤새도록 통증을 받아들였던 걸음이 졸음을 비비고 나온다
똥오줌이 기저귀에 눌어붙어
떨어지지 않는 걸음이 구린내를 달고 나온다

하루 밥 먹는 양보다 더 많은 걸음이 나온다
후두암 말기암이라는 진단을 받은 날부터 앞을 다투어 나온다
피가 해골을 닦으면서 나온다
자식들이 출근할 때마다 무섭다는 걸음이 나온다
현관문이 닫히는 소리에 놀란 걸음이 뒷걸음질 치고
방안에 누운 걸음이 예의를 갖춘다

햇살의 수다

볍씨를 육모상자에 넣고 비닐 터널로 바람을 잠재워 놓는다
비닐에서 콧물이 방울방울 흐르다가
기침 소리가 펄럭인다

햇빛이 엄마처럼 볍씨를 품어주니 벼의 잎이 올라온다

논에 벼를 심고 나면 햇살과 시비를 걸던 이슬이
벼의 이삭에 걸려 떨어지고 또 떨어진다

비바람이 지나가자 이파리가 물에 수장된다
햇빛은 구름의 말을 삭혀도
또다시 몰려오는 구름이 기어이 이삭에다 토해놓는다

바람의 입에서 입으로 옮겨 다니는 소문이 이삭에 듬성듬성 걸리고
도열병에 걸린 이삭의 입은 커지고 있다

몇 달째 구름을 집어삼킨 햇살이 수로에 빨대를 꽂아
놓고
물을 빨아 먹는다

잠자리가 날개를 접으면 바람도 고요하게 접히고
파닥거리는 날개가 습기까지 걷어내고 있다

농부들이 햇살에 앉아 막걸리 수다를 떨고 간 자리에
방석들이 널브러져 있다

흥분한 농기구가 병든 소문을 갈아엎어 놓고
독한 마늘을 심는다

공양

1

화장터에서 이름이 호명되자 흰옷 한 벌이 나온다
저 편안함에 고요가 깃든다

먹고 마시고 싸던 모든 구멍을 봉해놓고
살은 불에게 시주하고
연기는 구름에게 시주하고
잘게 부순 뼛가루는 수목에게 시주하지만

관이 당도할 때마다 시끌벅적하게 관에 매달리는 사람들은
저절로 터져 나오는 울음소리와
눈물 시너 수백 미터를 불에 넣는 동안

2

쓰레기차가 흘린 음식물에 파리들도 매달린다

사람들이 지나가자마자 파리들의 가벼운 날갯짓,
시끄럽게 울어대는 매미들의 껍질 벗는 소리처럼
앞서거니 뒤서거니 달아났다가 다시 몰려온 파리들

도로에 깔린 노자를 바쁘게
거두어들이고 있다

달이 달 속으로

청계산 터널 앞에 똬리를 틀고 있던 골안개가
도로를 기습적으로 점거했다
저마다 급박하게 브레이크를 밟는다
바퀴가 튕겨나가고 소스라치게 놀란 안개가
충돌의 기쁨을 번쩍 들어 올린다
안개가 다리를 물어뜯고 있다
자동차의 고성이 허공으로 질주한다
구급차보다 먼저 견인차들이 하이에나처럼 몰려온다
도로에 깔린 안개필름은 소리 없이 돌아가고
가로등 불빛에 설핏 내비친 모습
찌그러진 자동차를 능숙하게 분리수거한다
주인 잃은 바퀴가 비명인지 웃음인지
알 수 없는 소리를 내지르며 낭떠러지로 구르고 있다
깜깜한 화면 속으로 들어갔던 나는
오던 길로 미끄러지고 있는데, 달이 안개를 걷어내고
갇혔던 청계산이 일어서기 시작한다
긴 혓바닥으로 산 능선 이곳저곳을

물어뜯다 뱉어낸 자리는 벌집처럼 뚫려 있다
겨우 눈을 떠서 달을 쳐다본다
달이 달 속을 헤집고 돌아다니고 있다
안개 그물에 걸린 자동차들의 아우성은
지진 9도
피의 당도 2000도
안개의 내장에서 자동차를 꺼낸 견인차들이
달을 물어뜯고 있다

재활의 속도

분리수거 날이면
그는 악취에 코를 박고 쓰레기거치대를 설치한다
좌로부터 고리를 끼우면서 포대의 아가리를 찢는다
터진 입에 손이 물리지 않도록
재활용을 직접 넣어보기도 하고
30년 공무원 경력이 쌓인 눈으로
세심하게 계산해 보기도 한다
재활용품을 묶는 일은 입을 하나로 모으는 일
바람이 길을 안내하면 넓은 코가 실룩거린다
중차대한 아파트 경비를 잠시 미루고
그는 음식물쓰레기통으로 끌려온다
악취를 움켜쥐고 있는 비닐봉지를 연다
라면이 소주병 뚜껑을 끈질기게 붙잡고 있다
술에 절여진 담배꽁초도 음식찌꺼기를 잡고 끈적거리고 있다
꽁치, 사과, 귤, 오이, 양파, 수박껍질,,,,,
이름들이 썩었다가 갑자기 부풀어 오른다

뚜껑을 황급히 닫다가 얼굴에 오물이 튄다
햇살이 쓰레기통의 입을 말린다
고양이가 찢어놓은 종량제봉투,
시도때도 없이 불어오는 인원감축 소문에 흔들리지 않겠다는 듯
악취 나는 입을 단단하게 묶는다

닫힌 문

봄바람이 창문을 시끄럽게 두드리고 있어도
봄은 열쇠를 잃어버린 것 같다

어머니가 걸어놓은 문고리는 비밀을 숨겨놓았는지
몇 달째 닫혀 있다

냉기와 온기가 한 치의 양보도 없이
대립하던 유리창은
땀방울인지 눈물자국인지 알 수는 없지만
커다랗게 번져 있다

그 안에는 부풀어 오른 슬픔이 범람하지 않은 채
담담하게 굳어 있다

영문도 모르고 떠돌고 있는 봄의 수다에
느슨하게 풀리고 있는 어머니의 모습

그 사이는 너무 가깝지만
알고 보면 바닷물속보다 더 깊어
봄은 밤새도록 어머니의 몸을 부둥켜안고 소란을 피웠다

유리창의 시끄러움이 미끄러지듯 빠져나가고 빠져 들어오면
창문은 관처럼 열리고 닫힌다

신발

영동대교 난간 옆에 주인 없는 신발이 가지런히 놓여 있다

현관문을 열고 들어와 잠을 자러간 주인을 기다리듯
고요히 웅크리고 있다

허공으로 뛰어든 발
풍덩,
물의 목을 조르던 몸이 서서히 풀리자
물은 조용히 입을 닫는다

왔던 길에서 갔던 길로
갔던 길에서 왔던 길로 오가며
고린내 나는 무게를 채웠던 구멍,
바람이 신발코부터 뒤꿈치까지
쓰다듬어주고 있다

햇살이 발처럼 쑥 들어오는데
공사현장에서 풀풀 날리던 먼지들이 각질처럼 붙어 있는데
그림자도 끝까지 신발을 지키고 있는데

자동차는 추모객처럼 줄을 잇고,

발이 없는 신발은 목이 없는 것 같다
텅 빈 관처럼, 누군가가
뚜껑을 닫아주기를 기다리고 있다

현장검증

거미는 아주 조용히 의식을 진행한다
현장을 검증하는 습관을 몸으로 익혔다
서두르거나 다그치는 일 거의 없이
무게를 느끼지 않는 새로운 세계로
검은 속을 버리고 또 버리면,
투명해진 한 줄 선이 정화되어 나온다

엄마의 젖줄처럼 몸이 헐거워질 때까지
거미줄을 다 풀어놓고는
굽은 허리를 더욱더 움켜잡고
아래로 아래로 내려온다

날거나 떨어지지도 않고
먹잇감을 찾아다니거나 쫓아가지도 않는다
스스로 찾아올 때까지 기다린다
나비가 한 마리 날아와서
아름다운 날갯짓이 먹이가 되도록

집요하게 기다린다
파르르 몸을 떨고 있는 나비,
뻣뻣하게 굳어가는 모습을 진득진득하게 지켜본다

이윽고
아침햇살이 이슬을 툭, 끌어당기자
둥글게 움켜쥐고 있던 표면장력이 풀리고
거미는 아주 조용히 자신의 허물을 벗어놓는다

엄마의 고분을 훔친 나는
가만히 엄마의 배 위에 손을 올려놓는다

그렇게, 마트는

집에서 하릴없이 서성거리다가

I' m on a Boat — 더 론리의 노래를 듣다가

아내가 빼곡하게 적어준 세일 상품의 목록을 들고 마트에 갔어

노래는 벌써 보트를 타고 있고

아줌마가 눈동자를 굴리면서 나를 힐끔거려도 그냥 그렇게

선글라스 사이로 파도가 출렁거려도, 넌 바다에 들어올 수가 없잖아 씨발!

수영복 입은 나를 사진이나 찍어봐라 병신아!

파도를 보트를 막 뒤집고 있어도 그렇게,

돌고래의 지느러미에 물벼락이나 맞아봐라 멍청한 놈아! 그냥

그렇게 별 의미도 없이 노래를 되새기면서

상품을 만지작거려도 보고 그냥

그렇게, 손바닥으로 허공을 비비면서 그렇게

상품들이 어지럽게 달라붙는 오후 5시 마트
생각 없는 생각들이 좌판에 누운 물고기처럼
미끈거리다가 뻗쳤다가 멈췄다가, 그렇게

그렇게 물건을 만지작거리며 생산 일자를 보다가, 그렇게
그렇게 시간은 왔던 길로 다시 오고 가다가
에어컨 돌리는 속도가 답답해

두 마리에 만원 만원, 오후의 속도는 끈질기게 달라붙고 있어
생태가 부릅뜬 눈으로 나를 흘겨보면,
한숨을 그렇게 돌리고 물고기 눈알만 쳐다보다가 그냥
그렇게 마트만 빙글빙글 돌다가
그렇게

사내처럼 진열대에 올라서서 고함도 못 지르고
집으로 돌아가고 있어
젓갈을 사 들고 가는 내 내장도 절여지고 있어
푹푹 찌는 답답한 여름, 군침이 돌게
맛깔나게

액자, 동백꽃

액자에서
아버지의 헛기침소리가 들린다
헛기침에서 피가 나오고 있다

아버지가 뇌졸중으로 쓰러진 날부터
액자가 뒤틀어져 있다

중심을 잃어버린 배처럼 한쪽으로 한쪽으로만, 기울어져
하수도에서 강으로 바다로 흘러
텅 비어 갔다

니뭇가지처럼 발라가던 아버지는 벽에다가
동백꽃 같은 점을 다닥다닥 찍어놓다가
어느 날

쿠웅
액자 속으로 들어갔다

틀어졌던 입이 무섭게 펴지고 있다
정지되어 있던 아버지의 입술이 떨린다

액자를 뚫고 동백꽃이 활짝 피어 있다

해설

생명의 시와 사유

신진숙(문학평론가)

시의 진정성은 삶의 진정성과 분리될 수 없다. 시집의 깊이가 인생의 두께와 구분될 수 없는 것처럼. 한 사람의 생이 시집 한 권에 고스란히 담겨짐으로써 시는 보다 진정한 것으로 전환된다. 때로 시 한 편의 가치는 한 사람이 살아온, 혹은 살아낸 인생의 무게와 맞먹는다. 따라서 시를 향한 미적 고투는 그 자체로 생에 대한 고투다.

문제는 그럴 때, 시를 평가하는 일이 쉽지 않다는 점이다. 삶의 옳고 그름을 판가름할 명확한 단 하나의 기준이 존재할 수 없기 때문이다. 생의 강도와 차이만큼 시와 독자를 연결하는 무수한 통로들이 존재할 수 있다. 그러나 역설적으로, 바로 그렇기 때문에, 차이를 뛰어넘어 보편적 가

치로서 미적 진정성을 논하지 않을 수 없다. 이를테면 많은 사람들은 아직도 시의 진정성을 현실세계의 가짜 진정성과 구분한다. 시적 진정성은 수다한 상품들이 입고 있는 허위의 진정성, 자본의 합리성과 대립한다. 이는 단순히 시가 현대 문명의 바깥, 자본의 탐욕으로부터 자유롭다는 의미는 아니다. 그것은 시적 언어의 특수성, 즉 현실에서 태어났지만 현실 자체를 넘어설 수 있는 역설적인 언어의 힘을 일컫는다. 물론 그것은, 자기애(愛)에 함몰된 무수한 독백들과 시를 혼동할 수 없는 이유이기도 하다.

이명우 시인의 첫 시집은 이러한 시에 관한 오래된 문제들을 다시 한 번 되새기게 만든다. 그는 개별적인 존재들의 삶에 부과된 생의 부력을 보편적인 삶의 중력으로 통합한다. 시인이 살아온 생의 경험과 두께가 시의 진정성을 구성한다. 오랫동안 시쓰기를 수행해온 시간들이 있었기에 가능한 것이리라. 시인은 개별자의 삶에서 출발하여, 그것을 넘어 보편적 삶의 의미에 도달하려 한다. 비극적인 것으로 경험할 수밖에 없었던 삶이었음에도, 그 고통들을 불변하는 생명의 힘으로 전환하고자 하는 것이다.

이명우 시인에게 시쓰기는 유한하고도 무상하기 그지없는 생 가운데에서 변하지 않는 진실을 찾아내는 행위로 존재했다. 독자들은 그의 시를 통해 오랜 시의 지향, 즉 생명의식이라고도, 생의 의지라고도 할, 생을 추동하는 시적 상상력을 만날 수 있을 것이다.

닫힌 세계에서 시 쓰기

하나의 주체는 하나의 몸이다. 그것은 변함없는 사실이다. 몸은 그 자체로 한 존재의 기반이자 출발점이다. 그러나 모든 몸이 하나의 주체로서 정립되는 것은 아니다. 몸의 자유와 부자유는 그 자체로 주체의 가능성과 불가능성이라는 문제와 연관된다. 존재의 자유와 부자유가, 몸에 대한 상상과 실천으로 귀결되곤 한다.

주체의 의미를 이동의 막힘과 뚫림으로 설명하려는 논제들 또한 이러한 주체와 몸의 관계 속에서 출발한다. 이동의 가능성과 불가능성을 통해 주체와 연관된 사회적 맥락들을 반추해볼 수 있는 것이다. 그것은 이동이 모두에게 공평하게 주어진 권리일 수는 있어도, 평등하게 분배되는 것은 아니기 때문이다. 가령 경제적, 사회적 약자에게 이동의 권리는 그렇지 않은 계층에 비해 제한적일 수밖에 없다. 이동을 가로막고 공간을 구획 짓는 수많은 영역이 존재한다. 끊임없이 이동해야만 하는 주변부의 가난한 삶은 그것을 증명한다.

이동하지 않는 삶이 아름답다는 것은 아니다. 이동을 통해서만 관찰할 수 있는 진실들이 존재하기 때문이다. 이동이 필요 없는 안정적인 삶은 그렇지 않은 삶보다 편안하지만, 삶의 전모를 파악할 수는 없다는 한계를 지닌다. 이동의 시차(視差) 속에서 드러나는 세계의 진정한 모습들이 존재한다.

그래서일까. 시인들은 이동의 문제를 모순적으로 경험한다. 안주와 이동 사이에서 흔들린다. 정주에 대한 그리움과 이동의 자유가 동시에 존재한다. 이러한 이중성은 이명우 시인에게서도 발견된다. 이동에 대한 경험은 고통이지만 동시에 그것은 안주하는 삶에서는 볼 수 없었던 진정한 삶의 의미를 보여준다. 그의 시 「방」을 읽어보자. 잦은 이사에서 오는 슬픔과 부유하는 자의 비애가 담겨 있다.

> 잦은 이사로 가재도구들은 중심이 없다
> 이동하는 동안 깨지고 상처 난 자리들은
> 조금씩 가벼워져 무너질 것 같으면서 무너지지 않는다
> 점점 작아지고 허름해지는 전월세 공간에 맞춰
> 흔들리면서 제자리를 찾아간다
> 몇 겹으로 포개진 장판이 일어서서 가구를 들어낸다
> 접힌 장판에 고여 있는 시간이
> 가난을 내쫓지 못하고 그대로 방치되어 있다
> 방의 중심에 섰던 균형도 따라 나오지만

미처 빠져나오지 않는 것이 있어도
되돌아갈 힘은 보이지 않는다
제 무게를 달아놓은 자국마다 슬픔이 꽉 들어차 있고
숨어 울먹인 자국도 있다
정년 퇴직자처럼 집과 직장의 경계가 없다
낯선 방과 가재도구들의 거리가 너무 멀어
움츠러들던 침대가 한참을 삐거덕거리다가
겨우 중심을 잡는다
어제 분명히 이사 갈 방의 규격을 쟀는데
막상 가구를 넣어보니
모서리가 걸려 들어가지 못하고 있다
산 지 얼마 되지 않은 가재도구들도
좁아진 방에 맞추다 보면
어딘가 잘리고 비틀어지다가
버려진다

—「방」 전문

방은 실제로서의 삶이 담긴 물리적인 공간이자 이념태로서의 삶을 표상하는 상징적인 공간이다. 그러므로 시인들이 시적 주체를 표현하기 위해 '방' 이라는 상징적 공간을 상상하는 일은 당연한 일이다. 이명우 시인이 집이 아니라 "방" 이라는 공간에 주목한 것도 그 때문이다. 방은 존재의 형식이며, 존재의 내면은 방이라는 상징적 공간을 통해 구체화된다. 방은 시적 존재의 현주소인 동시에 시인 스스로가 부여하는 상상의 공간인 것이다. 위 시 역시 이러한 '방' 의 시적 의미에 충실하다.

그런데 여기에는 존재의 '표현' 이자 '부정' 이라는 의미의 충돌이 일어난다. 시인은 '방' 을 원하지만 어떠한 방에도 안주할 수 없다. 그의 방은 그에게 수동적으로 주어진다. 방은 안식의 공간이면서 동시에 존재의 자율성을 억압하는 공간이다. 시인의 내면의 연장이면서도 동시에 그것과 어긋난 불안의 장소인 것이다. "어제 분명히 이사 갈 방의 규격을 쟀는데", 막상 가구를 넣어보면 잘 맞지 않는다. 방에서 방으로 옮겨가는 이동의 자유가 존재하지만, 방에 대한 어떤 주인의식도 드러낼 수 없는 모순된 상황은 여기에서 발생한다. 마침내 시인은 부침을 거듭하며 그 자신이 "비틀어지고 좁아진 방에 맞추" 어지고, 끊임없이 자기 자신을 버리고 잘라내야 했다는 것을 알게 된다. "점점 작아지고 허름해지는 전월세 공간" 이라고 표현했듯, 가난한 삶에서 이동의 고통은 언제나 현실적이다. 시인은 "방의 중심에 섰던 균형" 이 무너지고 그 텅 빈 공허에 슬픔이 메워지는 일들을 경험한다.

시인은 다른 방, 혹은 다른 세계를 상상한다. 그러나 세상 어디에도 영원히 안주할 수 있는 방은 존재하지 않는다.

간신히 그 자신에게 맞는 방을 찾아 삶이 제자리를 찾는다 해도, 방과 나의 균형은 깨어지고 만다. 그는 그 자신이 다시 방을 떠나야 할 운명임을 예감한다. 안주할 수 없는 이동의 여정으로부터 벗어나지 못한다. 따라서 시인은 안주에 대한 욕망과 이동하는 힘 사이에서 흔들리곤 한다. 세상과 그 자신 사이에는 언제나 지워지지 않는 간격이 존재한다. 다른 시 「경비원」은 이러한 간격을 보다 선명하게 보여준다.

졸음이 눈꺼풀 속으로 들어앉아 빠져나가지 않는다
쏟아지는 빗줄기에 눈치도 흐려지고
공기도 그의 머리를 떠받들고 있다

눈꺼풀과 마주 잡은 졸음이 주민들의 눈에 걸린다

처마에 떨어진 빗물이 관리사무소 유리창을 긁어내린다
소문은 물집처럼 부풀어 오르고
방울방울 떠돌아다니는 졸음은 빗방울을 밀어내고 있다

빗줄기가 미끄러지고 자빠지면서까지
집요하게 지붕을 걸고넘어진다
지루한 장마처럼 그의 바짓가랑이에 끈적거리며 달라붙

는다

나뭇잎이 연신 고개를 숙이고 또 숙이면서
바람의 무게에 눈금이 파르르 떨린다

무게의 중심을 잡을 때까지 뿌리는 하염없이 기다리고
있다

처마에 걸린 빗줄기가 밧줄을 조용히 거두어들인다
유리창이 바쁘게 구름을 걷어내고 나뭇잎도 물기를 털어
낸다

햇빛이 빠르게 단지의 소문을 걷어낸다

속눈썹에 갇혀 있던 그의 눈치가
그늘을 먹고 있다

—「경비원」 전문

"경비원"에게 주어진 공간은 비좁다. 경비실은 그가 찾아 떠난 수많은 "방"들 중 하나이다. 이 공간 또한 그의 것이 될 수 없다는 것은 분명하다. 시인은, 경비원으로 살아가는 삶이 그늘을 먹고 살아가는 것과 다르지 않다고 고백

한다. 그것은 이곳이 몸의 자유를 억압하는 공간이며, 철저하게 자본적인 논리에 복속된 공간이기 때문이다. 경비실은 안에서 바깥을 감시하는 구조로 구성된 것 같지만 실상은 그와 반대이다. 주민들의 철저한 감시에서 벗어날 수 없다. 주민의 눈치를 보지 않으면 그나마 안정적인 삶을 기대할 수 없기 때문이다. 경비실은 경비원의 주업무인 "경비"가 그보다 더 큰 감시에 의해 검열되는 역설적 공간이다. 경비실에 갇힌 움직이지 않는 신체, 이동이 철저하게 배제된 경비원의 삶이 자본의 감시체계 속에서 소외된 노동하는 신체로 상징되는 것은 바로 이런 깨달음 이후이다.

앞서 살펴본 '방'이 이동에서 오는 피로감을 표현하고 있다면, 경비실은 이동이 억압된 존재의 부자유에 대해 말해준다. 이러한 이동의 가능성과 불가능성에 대한 시선 뒤에는 자본주의적 세계의 모순이 자리한다. 따라서 어느 정도 예상할 수 있듯이, 자본화된 삶에 대해 이명우 시인은 결코 낙관적이지 않다. 자본에 속박된 삶은 비관적이며, 자신이 원하는 이동의 자유와 권리를 세한 낭한다. 이를테면 「그늘」이라는 시에서 보듯, 그것은 "수갑" 채워진 삶과도 같다.

> 누가 허공에 성긴 뼈들을 걸어놓았나

백색 깃발을 휘날리며 밤새도록 농성을 하던 눈이
나뭇가지에 고요히 얹혀 있다
일용직노동자들의 걸음을 삼천리까지 묶어놓는다

탁 트인 하늘
쇠창살이 흔들흔들 내려오고 있다
모든 사물에 채워진 수갑이 풀리지 않는다

—「그늘」 부분

이 시에서 보면, 하늘은 쇠창살이 흔들리는 닫힌 공간이다. 희망이 존재하지 않는 그늘, 주변부의 세계다. 어떠한 낭만적인 비전도 끼어들 여지가 없다. 이명우 시인이 겪은 세계는 적어도 그렇다. 허공은 성긴 뼈들이 걸린 풀리지 않는 매듭처럼 단단하다. 기실 일용직노동자들의 삶은 어디든 이동하는 것처럼 보이지만 실상은 그 반대라는 것을 알 수 있다. 삼천리 방방곡곡 안 닿는 곳이 없지만 이동의 자유를 담보하는 정주에 대한 권리는 보장되지 않는다. 이동의 자유는 오히려 역설적으로 억압적인 삶의 표상이 된다. 가난한 자에게는 안주할 집이 없다. 가난은 "삼천리" 전체를 어딘가로 떠나야만 하는 길로 만든다. 그렇다면 이와 같은 비극적 세계에서 이명우 시인이 시 쓰기를 멈추지 않을 수 있었던 힘은 무엇이었을까.

죽음의식과 생(生)의 의지

하나의 생을 놓고 본다면, 가장 완벽한 이동은 아마도 죽음일 것이다. 생의 모든 과정을 통과한 후 죽음에 도달한 하나의 존재는 그가 속한 세계로부터 한 번도 경험해보지 못한 세계로의 이동한다. 죽음은 한 존재가 생의 의미를 다하고 생 자체를 완성한다는 의미를 지닌다. 때문에 죽음은 생의 마지막 순간에야 그 모습을 드러낸다. 물론 살아있는 존재는 자기 자신의 죽음을 경험할 수 없다. 타인의 죽음을 통해 삶과 죽음의 의미를 깨달을 수 있을 뿐이다. 그렇기에 타인의 죽음은 역설적으로 내 자신의 생의 가능성으로 이해될 수 있다. 죽음이 존재하기에 생의 의미 또한 정립될 수 있는 것이다. 이명우 시인이 생각하는 죽음의 의미 역시 이러한 맥락에서 시작한다. 물론 그것은 앞서 살펴본 현실인식에서 파생된 것이다.

이명우 시인에게 죽음은 여러 양상으로 다가온다. 때로는 죽음의 순간이 생의 의미를 깨닫는 계기가 되고 또 때로는 죽음을 선택할 수밖에 없는 존재의 참담함을 표현하기도 한다. 즉, 고통에 포박된 사람들이 선택하는 절박하고 극단적인 죽음의 가능성 또한 존재한다. 「신발」과 같은 시에서처럼, 죽음은 생의 가능성이 모두 소멸한 비극적 순간으로 표상된다. 그러나 전반적으로 이명우 시인은 죽음을 생의 본질을 관통하는 또 하나의 생, 생 그보다 더 본질적인 생의 일부로 받아들이는 듯하다. 그것은 죽음을 가변적이고 유한한 삶 안에 내재된 불변하는 어떤 것으로 탐색할 때 더욱 분명해진다. 죽음은 생의 다른 이름이다. 생의 의미를 비추는 또 다른 거울.

오남매가 모여서
누가 어머니를 모실까, 상의하였다

다들 모시지 않는 이유를 들이밀었다

장례식장에 오남매가 다시 모였다
관에 매달려서 울음을 터트렸다

구십 넘은 노모는 제 집을 찾은 양
너무나 편안하게 누워 있다
자식들의 눈치를 보지 않는다

장의사가 수의를 몇 겹으로 입혀놓고
아무리 묶어도 자유로운 몸을
단단히 묶고 있다

서로 모시겠다고
바람과 흙과 물이 대기하고 있다

문상객들이 상주한테 말한다
호상이군, 호상이야

—「호상」 전문

죽음의 순간에 도달해서야 깨닫게 되는 것들이 있다. 죽음이 생에 대해 갖는 의미는 그것이 생이 감춘 진실들을 드러내기 때문이다. 생이 은폐한 비참들이 죽음 앞에서는 감추어지지 않는다. 죽음은 살아 있음의 허약성과 그 전모를 드러내는 극단적 계기이다. 때문에 죽음은 그 자체로 하나의 사건이다. 죽음은 생의 마지막이 아니라 생의 또 다른 시작점이다. 예컨대 "구십 넘은 노모"의 죽음이 살아 있는 자식들에게 던지는 메시지가 그러하다. 살아서 노모를 모시려는 자식들은 없었다. 그렇게 하지 못하는 데에는 현실적인 이유가 있었다. 하지만 죽음은 이 모든 현실적인 이유들이 보잘 것 없는 핑계임을 보여준다. 따라서 노모의 죽음은 살아 있는 생의 의미를 다시 밝히는 성찰적 계기가 된다. 생을 마치고 비로소 몸의 속박에서 벗어난 자에게 눈치보아야 할 까닭이 있을 수 없는 것처럼, 죽음은 삶에 관한 어떤 변명도 하찮은 것으로 만들어버리는 절대적 힘을 지닌다. "바람과 흙과 물"로 되돌아감으로써 인간은 죽어서야 비로소 자유롭다.

이 때문에 이명우 시인은 죽음의 응시를 피하려 하지 않는다. 오히려 역설적으로 죽음의 시선을 통해 생의 의미를 드러내고자 한다. 그의 이러한 생사의 상상력이 빛을 발하는 것은 거대한 시간의 지층 위에서 삶과 죽음이 순환하는 풍경을 상상할 때이다. 그것은 앞서 살펴본 현실인식과 결합된 '공간'의 상상력이 죽음의식에 맞닿은 '시간'의 상상력과 통합되는 지점이다.

암사동 유적지에 들어서자마자 개울물이 돌의 지층을 긁어내리면서 기어이 햇빛을 들어 올리고 달빛을 게워놓고 공기도 꺼내놓는다

제 몸을 쪼개고 쪼갠 돌은 판화처럼 물에 박히고 물은 모래알을 덮기도 하고 넘기기도 한다 얽히고설킨 그 물의 문장을 나는 읽을 수가 없다

개구리들의 울음소리에 부락은 먹구름이 내려앉는다 바람을 타고 내려오는 구름관에 짐승들도 꼬리를 감춘다 빗줄기는 땅에 쇠창살을 박아놓고 며칠 동안 삽질을 하면서

산 채로 그들을 묻는다

안개가 부락을 돌아다니자 고요는 부풀어 올라 무덤은 능선을 잇고 이파리들은 지붕을 덮고 공기는 집요하게 부락을 찾는다

한강이 범람하자 죽었던 마실 귀퉁이가 조금씩 조금씩 열리고 사람들은 부락을 깨낸다

움집은 묻혔어도 집터는 다친 곳이 없다 검게 타들어갔던 돌들은 불을 움켜쥐고 있고 옹기에 담긴 도토리 몇 알도 쪼그라든 주름살을 풀어놓지 않는다

사람들이 기둥을 세우자 죽었던 바람은 지붕에 걸린다

햇빛이 빗줄기의 창살을 걷어내도 바람이 병든 사냥도구들의 습기를 도려내도 공기가 옆집의 소문을 퍼 날라도 허공에 걸린 주인은 끝끝내 돌아오지 않는다

햇빛만 움집을 지키고 있다

허공에 떠돌던 원자인 빗줄기는 개울물을 따라 돌고 돌

아다니면서 바다에 다다른다 원어인 파도는 구억 구천구백 년 동안 말을 내뱉는다

—「움집」 전문

시 「움집」은 하나의 공간이 '존재하면서 존재하지 않는' 상태로 표상되는 기묘함에서 출발한다. 움집이 있던 터에는 그곳에 거주했던 사람들이 사라진 지 오래다. 하지만 사라진 후에도 삶은 하나의 상징으로 현재를 사는 우리 앞에 현현하고 있다. 그것은 부재의 형식으로 존재하는 시간의 형식에 대한 탐색이라고 할 수 있다. "움집은 죽었어도 집터는 다친 곳이 없다." 그러므로 시인이 움집터를 "물의 문장"에 비유한 데에는 그럴 만한 이유가 있는 것이리라. 물은 흘러 사라지지만 불변하는 성질을 갖는다. 한 공간에 고였던 물의 흐름은 순간적이다. 하지만 물은 현상의 변화에도 불구하고 자신의 고유한 성질은 변함없이 유지한다. "제 몸을 쪼개고 쪼갠 판화처럼 물에 박히고 물은 모래알을 덮기도 하고 넘기기도 한다." 삶이 기록되는 장소 또한 이 흐르는 물 위이다.

바로 이 부분에서 시간의 상상력이 비약한다. 생의 의지는 이제 우주의 의지로 펼쳐진다. 그것은 터만 남은 선사시대의 움집이 상징하는 것이기도 하다. 인간이 점유할 수 있는 것은 오로지 찰나의 시공(時空)이다. 시간의 무한함에

서 본다면 어떤 생명도 시간의 주인이 될 수 없다. 생명의 모든 기록들은 결국 허공에 새겨진 것들이다. 그러므로 시가 누군가의 생에 대해 말하기 위해서는, 우주의 시간 속에서 하나의 존재를 다시 생각할 수 있어야 하는 것이다. 우주의 질서에 다가서려는 것이 생명의 본질이라면, 시의 문자는 그 생명의 원리로부터 그것을 향해 나아가는 생의 의지를 닮았다. 따라서 시란,

> 공기 몇 그램을 넣어도
> 햇빛 두 숟가락을 넣고 뒤섞어놓아도
> 천 년 동안 한 번도 변하지 않는 그 맛,
>
> —「물맛」 부분

이 아닐는지. 천 년의 시간을 거슬러, 영원히 변하지 않는 것들이 시의 내부에 새겨진다. '물의 맛' 처럼, 무한한 시간의 시각에서 바라본 삶의 풍경은 생명의 풍경이다. 삶의 여러 양태들은 생명의 중심에서 본다면 수다한 그림자에 불과하다. 모든 생명 안에는, 존재하지만 보이지 않는 중력이 작동하며, 우리 모두는 거기에 올라타 있다. 이는 이명우 시인이 삶을 부정하면서도 생명 전체를 다시 긍정하게 되는 이유를 설명해주는 대목이다.

시의 중력, 생명

삶이 무너지지 않고 그 형식을 유지하는, 분해되는 것을 막는 어떤 불가해한 힘들이 존재한다. 그것은 마치 중력처럼 삶의 내부에서 작동한다. 이 보이지 않는 힘에 기대어 시인들은 삶의 풍경을 만들고 해석하고 전유한다. 시인은 풍경에 말을 건네고 의미를 부여하고 그 풍경 속으로 들어가 살아가는 존재이다. 그러므로 시적 풍경이란 언제나 이미 한 존재의 내면이 투영된 마음의 풍경이라고 보아도 무방하다. 즉, 풍경을 살아 움직이게 하는 것은 그 풍경의 내면, 마음의 중력인 것이다.

이명우 시인은 시 한 편 한 편마다 자신이 살아온 삶의 내력과 감정들, 깨달음을 담아내려 노력한다. 기실 그에게 삶의 장소들은 수동적인 공간들이 대부분이었다. 그가 선택할 수 있는 것들이 아니었다. 삶의 목적들은 그의 것이면서 그의 것이 아니기도 했다. 무엇보다 슬픈 것은, 삶의 어떤 부분도 머물러주지 않는다는 것이었다. 덧없이 사라져가는 시간들처럼 그가 지나온 삶의 장소들 역시 사라져갔다.

그러나 이명우 시인은 풍경을 오랫동안 지켜보면서 그 속에서 무엇인가 변하지 않는 것들을 발견한다. 덧없음 가운데에서도 변하지 않는 어떤 본질적인 것이 나타난다. 끊임없이 해체되고 소멸되어가는 삶을 관통하는 일관된 힘을 찾아낸다. 시간의 흐름을 견디고, 바로 그 시간이 만들어내는 무너지지 않는 중심이 드러난다.

시인이 삶의 의지를 굽히지 않고 삶 전체를 긍정할 수 있었던 것은 바로 이 때문이 아닐까. 이명우 시인에게 있어 생에 대한 긍정은 가장 고통스러운 부정에서 출발한다. 그는 삶의 고통에 맞서 고통 자체를 삶의 일부이자 시의 토대로 재구성해낸다. 아무리 가혹한 것이어도 살아내려는 생의 의지가 있다면 삶은 언젠가 변화한다. 무한히 반복되는 생의 노동들은 결코 무의미하지 않다. 포기하지 않는 의지야말로 생명의 근육인 것이다. 시 「달동네 아코디언」이 보여주려는 것도 바로 이것이다.

불암산 줄기 중계본동 비탈길을 오릅니다
좁아지고 넓어지고 늘어나고 줄어드는 길을 따라
발자국들이 오르내리는 소리가 들립니다
연탄들도 뜨끈뜨끈하게 오르고 있습니다
손이 던지는 대로 연탄은
포물선을 그리며 가파르게 돌을 넘습니다
연탄 리어카는 난방관처럼 돌아다니면서
흩어지고 도망가는 길들을 모으고 있습니다
각진 길의 주름이 접히고 펴집니다

발자국이 건반 같은 돌계단을 내려오고 있습니다
까치발 구두를 신은 여자들이 휘어진
길을 다듬고 있습니다
돌은 냄새나는 도랑 위에 징검다리를 놓습니다
고드름도 등고선처럼 오르내립니다
주름으로 채워진 지붕이 눈보라에 주저앉았다가 일어섭니다
비바람이 두드리고 습기가 갉아먹습니다
처마에서 녹아드는 골함석이 이처럼 쑥쑥 빠집니다
까치들의 울음소리가 지붕의 골을 메웁니다
햇살이 빨대처럼 지붕을 빨아먹다가 구멍을 냅니다
뻥 뚫린 곳은 숨구멍입니다
햇살이 오랏줄처럼 구멍으로 내려옵니다
안개가 텅 빈 구멍을 덮어주기도 하고
바람에 거미줄이 풀리기도 합니다
사회복지사가 골함석을 덧댄 자리마다 주름만 깊어집니다
독거 할머니는 밥을 먹느라
입술 근육을 열심히 오물거리면서
저승에 입고 갈 주름옷을 깁고 또 깁고 있습니다

—「달동네 아코디언」 전문

길을 만드는 것은 사람만은 아니다. 사람이 오르내리는 길을 따라 연탄이 오르내린다. 비탈길은 무엇인가 오르고 내리는 소리들로 가득하다. 사람과 연탄이 무수히 오르내리는 동안 길은 뜨끈뜨끈하게 달아오른다. 시인은 그 길의 온도 때문에 사람들이 떠나지 못하고 다시 모여드는 것은 아닌지 상상한다. 그것은 결국 모든 길이 인간의 마음이 만든 길이라는 깨달음으로 이어진다. 골목이 굽어지는 것도 도랑에 징검다리가 놓이는 것도 모두 사람의 마음이 시킨 일이다. 비록 눈보라에 주저앉기를 반복하는 가난한 동네지만 골목은 사람이 어떻게 살아가야 하는지를 말해준다. 답답하게 막힌 곳처럼 보였던 곳이 "숨구멍"처럼 느껴지는 것은 바로 그 순간이다. 누군가 무수히 오르고 내리면서 만들어낸 길은 그 자체로 시이며 음악이다. 접혔다가 펴지면서 소리를 만드는 아코디언처럼 골목이 노래한다. 이 말은, 다르게 말한다면, 마음이 없는 곳에서는 음악도 시도 존재할 수 없다는 의미로도 읽을 수 있을 것이다.

그러므로 마음은 추상적이거나 관념적인 어떤 상태가 될 수 없다. 마음과 몸, 물질과 정신은 하나로 연결되어 있다. 마음의 운동이 길의 주름이며 몸의 근육이다. 세상의 모든 길들이 아름다운 것은 바로 이 때문이다. 같은 맥락에서 시인은 자본에 의해 소외된 노동과 대지와 인간이 결합한 충만한 노동을 대비시킨다. 마음의 노동이 곧 생명의 노동이다.

굳은살이 손금을 다 지운 줄 알았는데
면장갑에서 올이 풀리는 소리가 소곤거리며
거미줄 같은 손금이 돋아나고 있다

삽이 들락날락거릴 때마다
갈라졌던 손금들이 삽자루를 감아쥐고 있다

온몸으로 우려낸 땀의 씨앗이
곧 발아할 것만 같다

— 「땀」 부분

인간의 육체가 대지와 하나의 유기체처럼 결합할 때 노동은 그 진정한 의미를 지니게 된다. 앞서 보았던 '경비원'의 삶에서는 찾아볼 수 없는 진정한 생명의 기운이 샘솟는다. 자본이 만들어내는 허위의 생명력과는 비교할 수 없는 것이다. 어떤 의미에서 그것은 생명의 노동이라고 부를 수 있는데, 무의미하게 반복되는 허름한 자본의 노동과 대조적이다.

그러므로 모든 생이 끝나는 지점에서 생명은 다시 시작한다는 깨달음은 무엇보다 본질적이다. 생명의 길트기는 무심한 풍경에 마음의 중력을 심는 과정이다. 이명우 시인이 상상하는 무한한 긍정의 세계, 생명의 풍경이 여기에서 발원한다.

액자에서
아버지 헛기침소리가 들린다
헛기침에서 피가 나오고 있다

아버지가 뇌졸중으로 쓰러진 날부터
액자가 뒤틀어져 있다

중심을 잃어버린 배처럼 한쪽으로 한쪽으로만, 기울어져
하수도에서 강으로 바다로 흘러
텅 비어 갔다

나뭇가지처럼 말라가던 아버지는 벽에다가
동백꽃 같은 점을 다닥다닥 찍어놓다가
어느 날

쿠웅
액자 속으로 들어갔다

틀어졌던 입이 무섭게 펴지고 있다
정지되어 있던 아버지의 입술이 떨린다

액자를 뚫고 동백꽃이 활짝 피어 있다

—「액자, 동백꽃」 전문

어느 날 아버지가 쿵 하고 쓰러진다. 입술이 틀어지고 모든 근육이 정지한다. 일상적인 삶이 멈춘다. 액자 속에 담겨지듯 모든 것이 정지된다. 그런데 바로 그 순간, 삶이 일상적인 흐름을 중지한 바로 그 순간, 모든 것이 달라진다. 아버지의 부고(訃告)가 동백꽃 소식으로 변한 것이다. 죽은 아버지의 몸이 다시 살아난다. 틀어졌던 입이 무서운 속도로 펴지고, 정지된 근육들이 움직이기 시작한다. 여기서 죽음은 한 존재를 중지시킴과 동시에 다른 생명으로의 이전을 감행하는 어떤 것으로 그려진다. 중심을 잃은 배처럼 난파한 생명이라 할지라도 생명은 멈추지 않는다. 생의 의지는 한 존재의 사후에도 지속된다. 따라서 생명의 의지가 풍경의 근원이자 중력이 아니겠는지.

이명우 시인이 생명을 긍정하는 데까지 도달하는 과정은 쉬운 일이 아니었을 것이다. 모든 고통이 의미 있는 것이 될 수 없듯, 모든 시가 생명의 시가 될 수는 없다. 중요한 것은 시인이 자신에게 부과된 고통의 순간들을 인간에 대한 성찰의 계기로 전환하려는 노력이다. 시가 구체적인 경험에서 출발하지만 삶의 보편에 도달하는 것은 그 때문이다. 이명우 시인은 고통 가운데에서도 한 존재의 목적을 생명존재 전체의 시각에서 고찰하려 했다. 시인은 보여준다. 우리가 읽은 것이 시 한 편에 불과할지라도 우리가 진정으로 만난 것은 한 사람의 인생이라는 것을. 한 사람의 우주라는 것을.

애 지 시 선